AFI40687

# da(,)zwischen den zeilen

## gedichte

silke bauer-blamauer

novum pro

Dieses Buch ist auch als
e-book
erhältlich.

www.novumverlag.com

Bibliografische Information
der Deutschen Nationalbibliothek:

Die Deutsche Nationalbibliothek
verzeichnet diese Publikation in
der Deutschen Nationalbibliografie.
Detaillierte bibliografische Daten
sind im Internet über
http://www.d-nb.de abrufbar.

Gedruckt in der Europäischen Union
auf umweltfreundlichem, chlor- und
säurefrei gebleichtem Papier.

© 2024 novum Verlag

ISBN 978-3-99146-569-0
Lektorat: Dr. Annette Debold
Umschlagfotos und Innenabbildungen:
silke bauer-blamauer
Umschlaggestaltung, Layout & Satz:
novum Verlag

Die von der Autorin zur Verfügung
gestellten Abbildungen wurden in der
bestmöglichen Qualität gedruckt.

**www.novumverlag.com**

Druckprodukt mit finanziellem
**Klimabeitrag**
ClimatePartner.com/16547-2311-1001

# WIDMUNG

*Ich widme dieses Buch meiner wunderbaren Familie:*
*meinen beiden Töchtern und meinem Mann ...*
*Ich liebe euch.*

**Und**
**Prof. Friedrich Zavarsky,**
*der meine Liebe zur Sprache und zur Literatur*
*mitgeprägt und mich gefördert hat:*
*als Pädagoge und als wertvoller Mensch.*
*Danke für alles.*

# gleichnis II

da(,)zwischen den zeilen
liegt ein licht
in den falten
meiner
schreibtischlampe

die ahnung eines
gedichtes
vielleicht

lösch es nicht aus
wenn du
unbedacht an etwas
dunkles denkst

# waidhofen/ybbs

früher heimat
jetzt heimatlich
öfter noch befremdlich
weil fremd nicht wurzeln kann
in den engen gassen

im mustermix aus
kleinkariert
und glattgebügelt
nadelstreif und vintage

bälle und events
ein gutgepflegtes
eliteparkett
auf dem sich gut
ausrutschen lässt
aber eben auch tanzen

aussterbende innenstadt
leere bänke
dazwischen ein
verwilderter berg
kirchtürme und schulen

warum kehre ich hierher
zurück
bedeutest du mir
vielleicht
doch mehr
als ich erhofft hatte

weit weg habe ich
tanzen gelernt
auf glatten brettern
ohne auszurutschen
und die menschen hier
sind noch
genauso liebenswert
wie vor vielen jahren

ich bin
einer von ihnen

# zugedeckt

der klimawandel
heizt mich auf
der ukrainekrieg
besetzt meinen kopf
die steigende armut
macht mich beschämt
coronademos
entsetzen mich
das wahlergebnis
macht mich wütend

aber noch
halten mich weder
steigende meeresspiegel
noch kriegsbilder
noch hungernde
noch hassparolen
noch wahlstromanalysen

davon ab
dir zu sagen
dass die welt gut ist
wenn man die ärmel
hochkrempelt
und sich aus
der eigenen
komfortzone erhebt

und die welt so ist
und immer sein wird
wie wir sie uns
machen

# wenn ich nicht glaubte
(für herwig)

bevor du gehen musstest
hätte ich dir noch sagen sollen
wie wichtig du mir gewesen bist
wie sehr ich dich geachtet habe
und – auf meine art und weise –
sehr geliebt

dass alles missverständliche
zwischen uns
schon lange ausgeräumt war
und nicht mehr bestand hatte
als in der erinnerung

wie sehr ich mich dafür schämte
deinen weg nicht bis zum ende
mitgegangen zu sein
dass ich dir nicht der treue freund war
den du so sehr verdient hattest

dass du eine schönheit innehattest
nach der andere ein leben lang
verzweifelt suchen
und sie mich so sehr verändert hat
(zum guten)
wie schwer es mir heute noch fällt
dass du ohne mich an deiner seite
sterben musstest.

es ist spät, vielleicht für immer dafür
zu spät
aber ich bitte dich trotzdem um
verzeihung, herwig.
ich trage dich im herzen mit mir
bis ich selbst gehen muss

und wenn ich nicht glaubte, dass
du mir beim schreiben lächelnd über
die schulter siehst

hätte ich dieses gedicht nicht
geschrieben

# deine freiheit

du sagst
die freiheit zu gehen
wohin du willst
und zu lachen
wann du willst
und dir mit freunden die nächte
zu ermorgen
haben sie dir genommen

steh auf
zieh dir schuhe an
setz dein schönes lächeln auf
treib es bunt
in deinem leben
bevor es grau wird

und lerne endlich
anderen zu sagen
dass man nicht nehmen kann
was einem niemals gehört hat

(deine freiheit)

# die gleisenden züge

wie schienenstranguliert
eine abhängigkeit
von den gleisenden zügen
zur hoffnung auf die freiheit
geworden ist

die hoffnung
aus der abhängigkeit
auf den schienen
der gleisenden züge
von der freiheit
stranguliert zu werden

die freiheit jedoch ist
abhängig, gleisend abhängig
von der hoffnung
auf freien zügen
der strangulation durch
zu enge schienen im kopf
zu entfliehen

## dich gehen lassen

du gingst,
lange schon bevor
sie dich kommen sahen:
nur ich durfte vom glück
kosten
dich in mir zu spüren
mit dir einen inneren dialog
zu führen
mich von dir verstanden
zu wissen

es war schwer
dich gehen zu lassen
dein sterben hätte mich
beinahe
mein leben gekostet

es war schwer
dich gehen zu lassen
aber jetzt ist es noch
viel schwerer ohne dich

diesen verlust zu tragen
um unser beider willen

um dich, der nicht
wachsen durfte
und um mich,
die erwachsen
werden musste
um fortzubestehen
nach deinem fortgang

# augenaufschlag

mit deinem ersten
augenaufschlag
hast du mich
gewonnen

lange noch
bevor unser
eigentliches spiel
begonnen hatte

ich ahnte es
in diesem moment

du hast nicht
gegen mich gewonnen
sondern mich
es wird ein lebenslanges
1 : 0 für dich sein

# meerjungfrau
## (interne, 1993)

ich habe mich verkauft
um achtung zu erlangen
um liebe zu erkämpfen
um genauso gut zu sein
besser
noch als andere

meine beweglichkeit habe ich
aufgegeben
um mit beiden beinen endlich
wie gefordert fest auf dem boden
zu stehen

jeder schritt hier
ist wie ein messerstich
worte die ich sprechen will
sind ungehörte melodien
verklungen, bevor sie gehört
werden können

meine schritte haben den tanz verloren
meine sehnsucht nach liebe ist unsagbar

der traum meiner verwandlung
ist nicht wahr geworden
teuer bezahlt
doch hat er hier
niemals stattgefunden

wenn ihr mich nicht findet
mich hierin nicht erahnen könnt
wird mein leben verlöschen

mit dem ersten licht des immer
nächsten tages
werde ich immer mehr zu schaum
auf dem meer

# bleib und geh

bleib einfach da
damit du keine angst
zu haben brauchst
vor dem fortgang

aber geh trotzdem
heute noch fort
damit du keine angst
zu haben brauchst

vor der reue
niemals fortgegangen
zu sein

# gastwirt
## (für fredl)

ich danke dir fredl
für eine gaststube die beseelt war
von dir, von deiner eigenart
jeden gast mit einem
handschlag zu begrüssen

für dein gefühl dafür,
im richtigen augenblick
den zeitpunkt der sperrstunde
als relativ zu betrachten
weil ein wichtiges gespräch
noch zu ende geführt
werden musste

dein stück malakofftorte
war immer um einiges grösser
so wie auch die momente
in deiner gaststube
durch dein dasein
immer um einiges grösser waren
als anderswo

ich wünsche dir
ein grosses stück gastfreundschaft
bei deinem jetzigen wirt
und
dass er dich
gleich beim
hereinkommen
mit einem
herzlichem handschlag
begrüsst hat

# gleichnis 1

augenblicke
aus kristall
in meinem kopf

ich will sie festhalten
doch sie sind
aus hauchdünnem
glas

wie unerreichte wunder
oder eine ahnung
von zeitlosigkeit

# gleichnis III

vor dem spiegel
bin ich mir
obwohl so lange vertraut
sehr fremd geworden

ist der mensch der mich
ansieht
derselbe, der sonst
aus mir heraussieht

oder hat er sich unbemerkt
seinem eigenem wunschbild
angepasst

# zölibat

wenn gott in
jedem menschen ist
in jedem menschen
gleich ist
wenn wir alle
vor gottes angesicht
seine kinder sind

und wenn gott will
dass die liebe ist
und sie so ist wie sie
in ihm zu uns ist

warum steht dann die liebe
zur frau
der liebe zu gott
im weg?

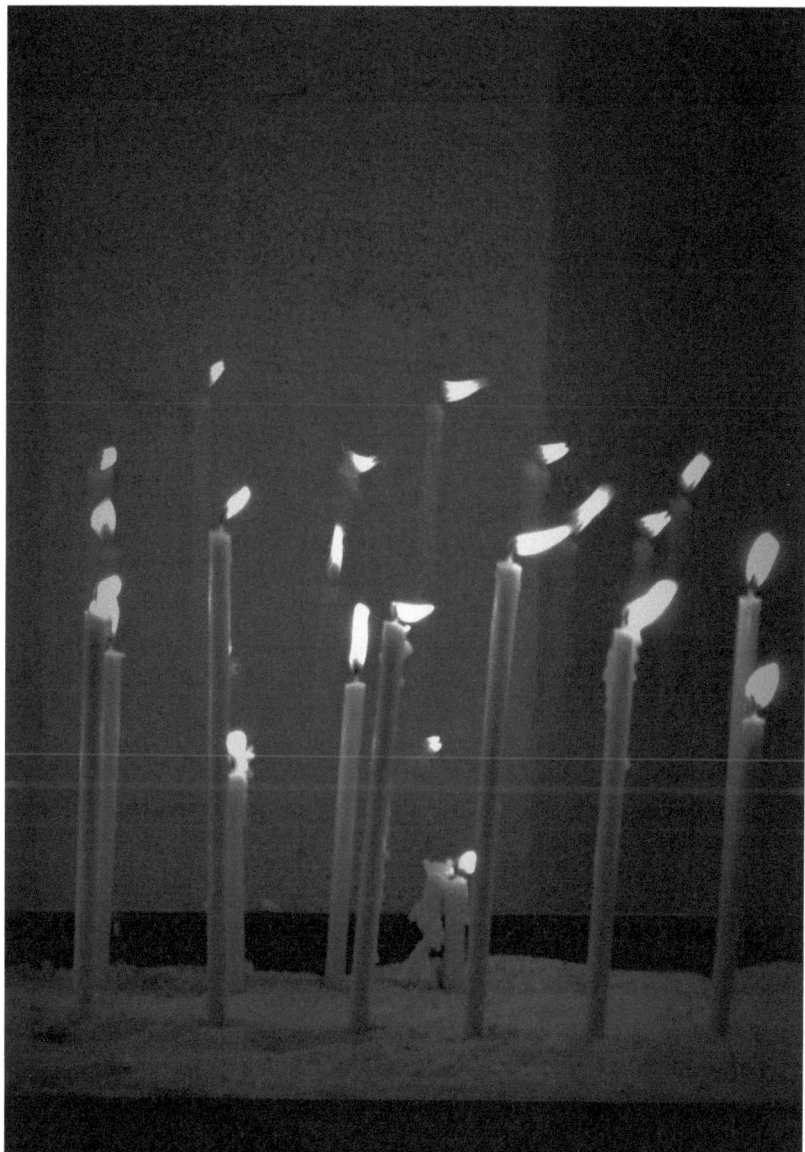

# ich glaube

ich glaube sage ich
und ich meine es so
aus meinem tiefsten innersten heraus
meine ich es so

dass mein glaube
keinen alleinigen gott hat
er hat menschen
die füreinander einstehen
und stark sind
die im miteinander kraft sammeln
um nicht schwach zu sein

mein gott ist vielleicht schwarz oder
weiss oder bunt
und er ist vielleicht gepierct und tätowiert
er ist mit großer wahrscheinlichkeit
eine göttin
er spricht alle sprachen
vielleicht aber auch keine

er ist in uns
mein gott
wenn wir ihn sein lassen
wenn wir uns sein lassen
ich glaube an ihn
in uns
und an uns

# kleines kasperltheater 2023

das gute daran ist
dass es gratis ist und kein eintritt verlangt wird
blau ist sieger schwarz hat verloren rot macht
verluste grün ein bisschen mehr rosa bleibt
stabil braun ist wieder mehr präsent
der farbenkasten streicht die vorhänge
vom kasperltheater
blauer profit: protestwähler
wahlstromanalysen
interviews wie dreiste ohrfeigen
moderatoren saugen sich feixend fest
ohne jeglichen anstand und benehmen
morgen hängt danke für deine stimme
unter dem kasperl und der gretel
und auch unter jedem krokodil
wahlversprechen von gestern
hängen morgen schon
als altpapier für briketts zum
trocknen
also das ist der gute zweck dahinter
wird das soziale besser
machen wir schulden
machen wir keine schulden leiden
die menschen
(politiker nur in ausgenommenen fällen
das kasperltheater selbst ist immer
gut versorgt)
und wenn das alles nicht
so traurig wäre
müsste man unentwegt schallend lachen
über unsere eigene dummheit
sich jede vorstellung gefallen
zu lassen

# wortspiel

wenn es dir mit mir
die schuhe auszieht
ist es vielleicht
gesünder für dich
barfuss zu gehen

wenn dir mit mir
die augen aufgehen
dann waren sie vielleicht
bis jetzt geschlossen

wenn ich dir die stirn biete
hat dir bis jetzt vielleicht
noch niemand
angeboten
seine gedanken
zu teilen

wenn du mit mir
fünf gerade sein lassen kannst
erfährst du vielleicht

wie schön und lustvoll
das leben sein kann

# coronalüge

dieses virus gibt es nicht
hat es niemals gegeben
es ist ein produkt von
medienmogulgesteuerten
geldern zielgerichtet
die masse manipuliert

keine kranken
keine kollabierten spitäler
keine toten

alles nur fake
wahrheitsbasierte
verschwörungstheorien
und impfchips die unsere
genetik verändern

ich weiss nicht
wieviel unsinn ein einziges
menschliches gehirn
produzieren kann

aber ihr glaubt wahrscheinlich
auch
dass die erde eine scheibe ist

# die bedingungen

als sie dich mir
zum ersten mal
in den arm legten
war mir vieles
neu
aber ungleich klarer
als sonst

meine zuversicht
würde grenzenlos sein
mein optimismus
eine nie versiegende
quelle
meine lebenslust
deine wurzeln
und meine liebe
unsagbar

die tür zu meiner kindheit
war lautlos
ins schloss gefallen

jemand würde sich
an mir festhalten
würde jede noch
so kleine veränderung
wahrnehmen
war in allen belangen
abhängig
von meiner eigenen
einstellung

so glücklich war ich
als sie dich zum ersten mal
in meinen arm legten
und ich bin es noch

jeden tag aufs neue
erstaunt darüber
dass du mich ausgesucht
hast

dass ein einziges wort
mein leben auf so
grundlegende weise
verändert hat

# deine augen

ich werde niemals
deine augen vergessen
sie waren in so vielen
verschiedenen körpern
zuhause

meine sagten
wir haben dich gerettet

deine haben
geantwortet
und ich werde das ein
leben lang
büssen müssen

# akademiker

der trend zum studium
wird immer stärker

theoretiker sind
unsere neuen götter

die akademisierung
ein rastloser zeitgeist

und in 100 jahren
wenn es 1000 papers

von ungezählten bachelors
of was weiß ich was
gibt

werden wir millionen
investieren in menschen
die dann vielleicht
noch

unser brot backen
oder die zeitung liefern

# die traurigkeit

sie ist
gefährlich
die traurigkeit

ansteckender noch
als jede andere
krankheit

ungeimpft mit
zuversicht
mit sicherheit
tödlich

in kleinen bissen
beisst sie sich durch
die menschenmassen

in jede familie hinein
in jedes kind

am anfang tut sie
nicht weh
erst mit der zeit
wenn sie uns
nach ungezählten
nachrichten
updates und
wissenschaftsinterviews
die luft zum atmen
und den mut
zum leben nimmt

die traurigkeit
die neue geisel der
menschheit

# das kleine

wenn du das glück
im kleinen nicht finden kannst
wird es dich für das grosse
nicht vorsehen

wenn du ein leben lang
immer hoffst dass du
etwas haben wirst
das du nicht hast

wirst du irgendwann einmal
feststellen
dass du aufs spiel gesetzt hast
was dich bereichert hätte

dann wirst du einsam und
verloren
inmitten von angehäuften
besitzen stehen
und dich fragen
warum niemand mehr da ist

warum dich dein glück
verlassen hat
warum man überhaupt nichts hat
wenn man doch alles hat

warum alle gegangen sind
obwohl du ihnen doch
alles hättest bieten können

doch das glück geht
wenn es im kleinen nicht
gesehen wird

es wird angesichts von
zu gross so klein
daß es irgendwann einmal
einfach fortgegangen
sein wird

# 10 gebote

als du kamst
wusste ich

ohne zögern
würde ich
jedes der
zehn gebote
brechen

um dich zu
beschützen

stehlen
betrügen
lügen
wahrscheinlich sogar
töten

dass von diesem
augenblick an
bedingungsloses
lieben

unter jedem
gebot stand

ausnahmslos von 1–10

## ... wer

jetzt bist du wer
hat mir einer gesagt

jetzt kennen dich auch
viele wichtige

da war ich doch sehr erstaunt

die wirklich wichtigen
kennen mich schon
sehr lange
und ich bin nicht
wer
sondern
ich
und das bin ich
immer schon gewesen

# gleichnis IV

wenn uns
das lieben
umarmt

flügelschlagen
trägt uns fort

aber ich würde lieber
bestehen bleiben

# gender II

sehr geehrte
österreicher
und -innen
herren
und herrinnen
knaben und
knabinnen

väter und
mütt-er

...?
müttinnen?

und schon
wieder:
nicht konsequent
durchgezogen

## reprise 98
(für peter)

drei stunden schlaf
am morgen
vor der arbeit
noch schnell
die leere ginflasche
weggeräumt

das zimmer voller
zigarettenrauch
gelüftet
kerzen aufgefüllt

die freude auf den
nächsten abend
an dem alles
wieder von
vorne beginnt

musik von edith piaf
während wir
sinnieren und
schweigen

gemeinsam kochen
essen trinken
krawatte weg
ein kleiner kaffee
barfuss
ungeschminkt
unsterblich
philosophisch

ich war beständig
so wach
dass ich es als
verlust empfand
endlich einzuschlafen

## reprise 98/11

lass das weinglas stehen
die zigarette verraucht
auch ohne dich

nur dieser eine moment
hebt uns
über das alltägliche
hinweg

schweigen umarmt
uns
zärtlich
es könnte
unser
letzter atemzug
gewesen sein

# augenfenster

tausend
augenfenster
der stadt
sagten leise

schon jetzt
hast du uns
vorurteilt

dafür wirst du
uns
nachworten
müssen

# gleichnis VII

die glühbirne
leuchtet rund
die ecken aus

so dass ich
sehen kann

die strahlend helle
dunkelheit

ist ein unendlich
großer kreis
der sich um mich
in mir
schliesst

# morgenröte

morgenröte
warum sitzt
du so
verlassen
am ufer der
traumnacht?

(noch haben dich
die liebenden
nicht

hereingebeten)

# schul(un)sinn

zwei augenbrau'n
den augenclown
doch kurz darauf:

der nasenflügel
ohne bügel (einer brille)

beisst sich durch.
der lippenlurch

drei strenge falten
halten fest
was festhalten lässt:

und ganz zum schluss
ein leichter kuss
der inhaltsmuse

ins abstruse
und dann, zu spät:

authorität

# bodenlos

du hast mir
den boden
unter den füssen
weggezogen

aber du hast
vergessen
mir den himmel
voller sterne
zuzudecken

so habe ich
ohne bodenhalt
endlich

(von dir fort-)

fliegen
gelernt

# ein augenblick

einen augenblick lang
**nicht**
an meinen ökologischen fussabdruck
denken
an das eisbärensterben
den welthunger
kinderpornographie
alkohol am steuer
frauen(un)rechte
gewalt

**nicht**
nachdenken
einfach
schmecken
lächeln
atmen

**leben**

# gebrauchsanweisung

zum inhalt
ist zu sagen:
es gibt mittelalte
körperlichkeiten
die biologische uhr tickt nicht
sie läuft gut und gern

fallweise werden
zu den inhaltsstoffen
kaffee, zigaretten und alkohol
hinzugefügt

die anwendung sollte
mit bedacht erfolgen
sie kann bei ständigem kontakt
zu unverträglichkeiten
führen

kindern und jugendlichen
fällt es oft leichter
den beipackzettel wegzulassen

erwachsene reagieren darauf
manchmal mit allergischen reaktionen
von unmut und kritik

hergestellt in deutschland,
anwendung in der ganzen welt
verarbeitet sind alle wurzeln, flügel
eindrücke und tiefgründigkeiten

kann spuren von absolutem
unsinn und lebensfreude enthalten

dosierung je nach lust und laune

über nebenwirkungen informieren
langjährige freunde
oder menschen, die mich
nicht ganz so gut vertragen haben

# luftland

## I

augen zu
mund auf
kopf zurück

gesehene lust
verboten
begehren erlaubt

kopf aus
herz an
sehnsucht:
unendlich gross

# luftland

## II

moralische einwände
durchdacht
gegenargumente
klug gesetzt
sei bitte jetzt
endlich vernünftig
und
bleib auf
dem boden der
tatsachen

du aber bist schon
anderweitig
geliebt

du wirst
gesellschaftlich orientiert
niemals unbedacht
gegen den strom
schwimmen

meine liebe ist nur
eine bestätigung
für dich
an der ich zerbrechen
werde

während du dich
schon wieder
nach neuer bestätigung
umsiehst

# luftland

## III

im luftland
hoch über
jeglicher moral
will ich dir
begegnen

wenn schon
kein himmel mehr
frei ist
für uns

# gender

ich mag regenbögen
ich liebe sie
diese bunten streifen
sie machen
lebensfreude
und hellen den tag
auf

aber dass ich
mich beständig
unbewusst oute
wenn ich ihn trage
nervt mich

mir ist es egal
wer was ist und wer
mit wem
und sexuell individuell
oder ob mann ja
frau nein mann als
frau oder umgekehrt
oder als es
hauptsache wir
können frei lieben

ich will nicht gendern
und nicht gegendert werden
ich finde es
ehrlich gesagt
eine übersteigerte
äusserlichkeit
die nichts am innerlichen
starrsinn mancher
menschen
ändern wird

und ich habe es gerne
wenn man mir die tür
aufhält und mir
in den mantel hilft
für mich findet
emanzipation im
kopf statt und auf dem
lohnzettel und
in der frauenquote
von regierungen und
in vaterschaftsurlauben

ich bin nur ein
langweiliger hetero
ich bin gerne eine
frau
und ich will
diesen
regenbogen tragen

ohne daß mich
jeder zu meinem
mut beglückwünscht
mich endlich geoutet
zu haben

macht meinen regenbogen
nicht zur sperrlinie

offen
farbig
gehört er uns
allen

## solange

solange
unsere regierung
von
umweltschutz redet
und die höchsten
politiker und ihre
gehilfen
zu veranstaltungen
ausfliegen lässt

(am wochenende
ist es schlecht
für ein achterl
da bin ich grade
bei einem match im
ausland
oder eröffne eine
nationenübergreifende
kulturveranstaltung
zur erinnerung an den
zweiten weltkrieg)

solange frauen
bis mitte februar
gratis arbeiten
nur um den staat und
die darin versammelte
arbeitende menschheit
am leben zu erhalten

solange wir hunderte
polizisten bezahlen müssen
die am rand von
demonstrationen stehen
müssen ohne einzugreifen
weil die meinungsfreiheit
über allem steht

solange die herren zum
ballhausplatz mit dem
chauffeur zur arbeit fahren
weil es eine zumutung
wäre vielleicht selbst
ein auto zu lenken
und ein paar meter
weiter stehen
obdachlose bei der
suppenküche an

solange die mächtigen
in den spitälern
immer das bett
im einzelzimmer bekommen
und in den ordinationen
immer noch einen
sondertermin und nicht
von irgendwem
behandelt werden
sondern von „dem"
während die landärzte
an der basis
schlechtbezahlt und
ausgebrannt die
allgemeinheit
versorgen müssen

solange es menschen
gibt
die von uns
dafür dankbarkeit
und einverständnis
fordern
und das richtige kreuz
zur richtigen zeit
auf dem richtigen
zettel

werde ich euch
keine ruhe geben
und ich verspreche
euch mächtigen
feierlich
und ehrlich

dass ich
zum widerstand
aufrufen werde
gegen dieses verlogene
scheinheilige
„für euch"

das nur ein
„für uns" meint

# impfreaktionen

natürlich leiden
wir
an den spätfolgen
der
corona-impfung

wir haben
einfach zu vieles
mitansehen
und spüren müssen

menschen
die sich voller hass
voneinander abgewendet
haben und
gegeneinander
laut parolen geschrien

menschen die
andere verbrecher
geschimpft haben
die unter einsatz
ihres lebens
versucht hatten
zu helfen
und leben
zu retten

menschen
die plakate
geschwenkt haben
laternenwanderungen
unter dem deckmantel
des widerstands
zusammenkünfte
unter der nationenflagge
geschrei und
demonstrationen

die angst
was werden sie
machen
wenn sie uns
im wütenden mob
als feinde
erkennen

menschen
die sich politikern
angeschlossen haben
deren einziges ziel
es war und ist
zorn und hass
und rassismus
zu schüren

die verzweiflung in den
augen meiner kinder
ihre traurigkeit
meine eigene ohnmacht
sie vor alldem
nicht beschützen
zu können

erzählt mir nichts
von spätfolgen

die impfung
hat mir keine verursacht
die
erfahrung schon

# sterbehilfe

wir sollen leben
tagtäglich
sollen wir leben
glücklich
erfüllt
lächelnd
mutig
liebend

wir müssen
leben
um jeden preis
müssen wir
leben

sterben sollen
wir auch
irgendwann

nach dem erfüllen
des vorgesehenen
bruttosozialprodukts

glücklich
erfüllt
lächelnd
einverstanden

aber wir dürfen
nicht selbst
entscheiden
wann

dafür haben wir
schliesslich
teure kommissionen
bezahlt

die uns schon sagen
werden
wann es gut ist
die es uns dann
gestatten werden
das sterben

nach 40 ausgefüllten
formularen und
untersuchungen
werden sie für die
nachwelt
rechtlich abgesichert
festhalten
wie sehr wir darum
gebettelt haben
dass wir selbstbestimmt
sterben
dürfen

vergesst nicht
dafür auch
noch danke
zu sagen

# vierkant

so riechst du
nach vierkantdachstuhlreparieren
freibadchlorwassereisstiel
apfelbirnkletzenbrotschnaps
mostkostbluzalandjugendstamperl
stall

so siehst du aus
sonnenbeschienenregenüberströmt
nebelschwadendurchwachsen
hellmondlichtenterisch
feldwiesegüllefaßstädtisch
schön

so hört man dich
sonntagsblasmusikkapellenfest
vorglühenjugendzeltfestrauschig
milchbauernprotestarchitektengeblase
wochenmarktdurcheinandertratscherei
leise und laut

so spürt man dich
erdklumpentraktorbereiftschwer
glattschaligbienenfellbaumrindig
kirchenweihwasserhandschlag
dirndlstoffwalkjankerbrotkrumig
gut

so nennt man dich
altfaderischmodernmultikultipseudoooffen
einkehrlandfluchtwiederheimdorfplatz

viertel?
ein ganzes.

heimat?
heimat.

EIN HERZ FÜR AUTOREN A HEART FOR AUTHORS À L'ÉCOUTE DES AUTEURS MIA KAPΔIA ΓIA ΣΥΓ
ÉN COR FÖRFATTARE UN CORAZÓN POR LOS AUTORES YAZARLARIMIZA GÖNÜL VERELIM SZ
AUTORI ET HJERTE FOR FORFATTERE EEN HART VOOR SCHRIJVERS TEMOS OS AUT
SERCE DLA AUTOROW EIN HERZ FÜR AUTOREN A HEART FOR AUTHORS À L'ECOL
НСЕН ДУШОЙ К АВТОРАМ ETT HJÄRTA FÖR FÖRFATTARE A LA ESCUCHA DE LOS AUTC
ΓIA ΣΥΓΡΑΦEΙΣ UN CUORE PER AUTORI ET HJERTE FOR FORFATTERE EEN
ÖNKÉRT SERCE DLA AUTOROW EIN HERZ FÜ
AO ВСЕН ДУШОЙ К АВТОРАМ ETT HJÄRTA FÖ

# Die Autorin

silke bauer-blamauer wurde 1973 in deutschland
geboren.
nach der ausbildung in verschiedenen medizini-
schen bereichen arbeitet sie seit 1993 vor allem
im sektor pflege/therapie.
nach vielen umzügen ist sie zu ihren wurzeln ins
mostviertel zurückgekehrt und lebt mit ihrem
mann und ihren beiden töchtern in einem dorf
in niederösterreich.
ihre zeit verbringt sie am liebsten mit ihrer
familie und freunden, dem schreiben und der
photographie, mit dem entwickeln neuer kul-
tureller und caritativer projekte und der kunst,
trotz politik und nachrichten  zufrieden und
dankbar zu leben.
aus wettbewerben sind bereits einzelne veröf-
fentlichungen hervorgegangen; „da(,)zwischen
den zeilen" ist ihr erster eigener lyrikband.
die bilder im buch wurden von der autorin selbst
aufgenommen.